„Immer wenn mich Wind berührt"

Trollbär-Lyrik 2010

von Detlev Zesny

Impressum

Nachdruck und Vervielfältigung nur mit Genehmigung von Trollbär-Lyrik gestattet.
Die Verwendung und Verbreitung unautorisierter Dritter, in allen Medien
ist untersagt.
Die Textrechte liegen bei dem publizierenden Autor.

Original – Erstausgabe September 2010

Trollbär-Lyrik Wabern
Detlev Zesny

Original Text
© Detlev Zesny

Idee: © Detlev Zesny

Satz, Layout, Gestaltung
Petra Zesny

Vorwort:

Der Wind wird diese Seiten blättern.
Wieder einmal ist es soweit. Nachdem uns der Zeitenwind im Spiegelbild begegnet ist, lassen wir uns nun ganz sanft vom Wind berühren.
Wind, der durch unsere Herzen weht, der unsere Gedanken mit sich trägt und der uns die Erinnerungen zurück bringt.
Vor allem aber ist dieser, nunmehr dritte Band der „Trollbär-Lyrik" Reihe, ein sehr persönlicher Band mit ausgewählten Stücken, die ich vor allem meinem im März 2010 verstorbenen Vater widme.

Detlev Zesny, Sept. 2010

Inhaltsverzeichnis

Zeitenschritte 13
Bunte Bilder in Schwarz Weiß 14
Nur eine Zeichnung 15
Trugbilder 16
Leinwand 17
Weltbilder 18
Dein Bild 19
Vergessen 21
Jana malt sich einen Stern 23
Sterne bemalen die Nacht 25
Ich sehne mich nach frischem Wind 27
Träume im ewigen Wind 29
Und in den Bäumen wohnt der Wind 31
Freiheit ohne Schranken 33
Meist auch allein 35
Und mit der Freiheit kam der Regen 37
Gestern noch 38
Weiße Flügel tragen schwer 39
Hoffnung liegt am Wegesrand 41
Wunderwald 43

Funkelnder Stern *45*
Große Feuer, kleines Licht *47*
Klartext ? *48*
Angehäufte Kleinigkeiten *49*
Cassandra sah den Drachen fliegen *52*
Todesrot *55*
Wo man die Seelen einst gerettet *56*
Und heute lasse ich dich los *57*
Und dann kam Stille zu Besuch *59*
Das Kind in dir *60*
Liederblüte *62*
Doch heut' fiel Schnee auf dein Gesicht *65*
Wo klares Wasser einst entsprang *67*
Und mit dem Winter gingst auch du *69*
Es schweigt im Herzen mir das Lachen *70*
Nie mehr dieselben Träume *71*
Will mit dir sein *73*
Steine im Sand *75*
Sinnloses Gedicht *78*
Der Nasenbär *81*
Und immer wenn mich Wind berührt *83*
Spuren *85*

Kopfüber 86
Farbenfroh 87
Codename Sandmann 88
Ach wäre ich doch 90
Küss mich 91
Samtweiche Lippen 92
Noch nicht 93
Lieber nicht 99
Warum nicht? 103
Kein Weg 105
Wolkenspiel 106
Verflogen 107
Träume die der Wind gesät 108
Und leise weint ein Schmetterling 109
Die Zeilen die ich schrieb 110
Nachttraum 111

Und immer wenn mich Wind berührt

von Detlev Zesny

Zeitenschritte

Im Zeitenwind auf Wolken reiten?
Sich der Vergangenheit entziehen?
Doch sie ist da zu allen Zeiten,
denn niemals kannst du ihr entfliehen.

Und deine eigene Gegenwart
wird morgen schon Vergangenheit
die mit Erinnerung gepaart
dich weiter treibt, zum Rand der Zeit.

Du willst von alledem nichts wissen!
Du läufst davon, doch dir wird klar -.
sie wird dich nicht so schnell vergessen -
die Zeit hält Schritt mit jedem Jahr.

Und dort am Ende deiner Zeit,
da wo deine Zukunft liegt.
Da wartet schon Unendlichkeit
mit der die Seele sanft entschwebt.

Worte sind es, die in den Köpfen Bilder entstehen lassen. Bilder, wie man sie wohl niemals malen könnte, denn zu verschieden sind die Ansichten, die Interpretationen, die Sicht auf die Dinge, so dass jedes Mal ein anderes Bild dabei herauskommt, würde man versuchen diese Worte bildlich darzustellen.

Bunte Bilder in Schwarz Weiß

Bunte Bilder in Schwarz Weiß
werden im Spiel der Fantasie
zum Leben erweckt,
um von klaren Gedanken geformt,
ihre Farben zu vereinen.

Das kalte Licht der roten Sonne
wirft schwarze Schatten der Vergänglichkeit
auf einen lebendigen Geist
in dem die Erinnerung schläft
um Vergangenes nicht zu sehen.

Und wildes Wortgeschrei der Stille
sucht im Buche der Erkenntnis
einen neuen Weg zum Glück
um in blumengebundener Sprache
die Botschaften zu verstehen.

Nur eine Zeichnung

*Auf einem weißen Blatt Papier
malt schwarze Kohle dein Gesicht.
Noch sind es Striche nur von dir
und ich erkenne dich noch nicht.*

*Nun zieht der Bleistift die Kontur
setzt hier und da noch einmal an.
Manchmal eine Schattierung nur
an der ich dich erkennen kann.*

*Recht bald schon ist das Werk vollbracht
doch hab ich eines sehr vermisst -
es fehlt noch deine Farbenpracht
dann zeigt es dich so wie du bist.*

*Und ist es auch nur eine Zeichnung
so sollte sie versiegelt sein.
Dann wird aus ihr keine Radierung
und du wirst immer bei mir sein.*

Trugbilder

Einst malten meine Augen
für den Verstand ein Bild von dir.

Doch es war ein Trugbild,
denn die Farben hielten nicht lange.

Und auf der Leinwand meines Lebens
verblassten sie immer mehr.

Und immer wieder frischte ich sie auf
Dann war der Farbtopf plötzlich leer.

Leinwand

In meinem Kopf ein Filmprojektor
für den du meine Leinwand bist.
Und er beleuchtet jeden Sektor.
damit man kein Detail vermisst.

Die Leinwand meiner Fantasie
auf der ein Liebesfilm beginnt
verspottet mich mit Ironie,
die mir die Kraft zur Wahrheit nimmt.

Im Abspann dann dein Name steht
der meine Sehnsucht fliegen lässt.
Doch auch mit ihm die Hoffnung geht
weil er die Leinwand still verlässt.

Weltbilder

Grausam entstehen Bilder
in den Straßen der Armut
auf denen hungernde Kinder
das Lachen für immer verlernt haben.

Selbstherrlich zieren Bilder
die Bunker der Mächtigen
damit man die Fratzen des Todes
in euphorischem Glanz preisen kann.

Weinend verschwimmen Bilder
in den Augen der Unschuldigen
die machtlos dem Unrecht
ihre Hand reichen müssen.

Wortlos formen sich Bilder
in den Köpfen der Untätigen.
um sie am Abend in der Galerie
der Besserwisser auszustellen.

Dein Bild

Im Nebel der Vergangenheit
auf einem Tau bedeckten Herz.
Dort malte einst der Wind dein Bild
und hinterließ mir süßen Schmerz.

Und du hast so viele Jahre
in der Erinnerung gewohnt.
Doch im Grau der alten Tage
hat sich das Warten nicht gelohnt.

Und heute nun liegt dicker Staub
auf den Ruinen meiner Welt.
Aus der dein Bild wie altes Laub
ganz sanft und leis zu Boden fällt.

Und malte einst der Wind dein Bild.
auf einem Tau bedeckten Herz.
So wischt die Zeit die Tränen fort
doch tief in mir bleibt nur der Schmerz.

Vergessen

Wie gerne möcht´ ich dich vergessen
um dein Bild nicht mehr zu seh`n.
Es hat sich in den Kopf gefressen
und will dort einfach nicht mehr geh`n.

Schon lange suche ich nicht mehr
damit ich dich nicht finden muss.
Verstand, der schon im Herzen leer
hält mein Gefühl unter Verschluss.

Wie blind müssen die Augen sein
um dein Licht nicht mehr zu sehen?
Wie weit müssen die Wege sein
damit sich`s lohnt sie nicht zu gehen?

Und leise ruf ich deinen Namen
doch er verhallt in dunkler Nacht
Wie ein Gemälde ohne Rahmen
entflieht am Rand die Farbenpracht.

Wie gerne möcht´ ich dich vergessen...

Jana malt sich einen Stern

*Ein heller Stern in dunkler Nacht
erfreute einst ihr kleines Herz
Er hat ein Licht dort angemacht
und nahm ihr so der Seele Schmerz.*

*In Bilderbüchern ganz versteckt
auf vielen bunten Seiten
hat Jana ihn einmal entdeckt
doch waren das noch andere Zeiten.*

*Heut stöbert sie und sucht ihn wieder
und würde ihn gern an sich binden.
Sie liest Gedichte und singt Lieder
und hofft darauf ihn dort zu finden.*

*In Träumen kommt er zu Besuch
und sieht dort nach wie es ihr geht.
Es ist wie in dem Bilderbuch
in dem die letzte Seite fehlt.*

*Wie schön wär's jetzt, er wäre hier,
doch bleibt er unerreichbar fern.
Dann nimmt sie sich ein Stück Papier
und malt sich ihren eigenen Stern.*

*Im Bilderbuch der Fantasie
bleibt nun die Seite nicht mehr leer,
denn Sterne leuchten hell wie nie
und so fließt keine Träne mehr.*

Sterne bemalen die Nacht

*Wenn am Abend der Mond die Sinne berührt
und die Sterne bemalen die Nacht.
Wenn das Rauschen des Meeres die Herzen verführt
und die Hektik des Alltags der Stille Platz macht.*

*Wenn flüsternde Wogen Geschichten erzählen
von ihren Reisen dort draußen im Meer.
Und schreiende Möwen ihr Nachtlager wählen
dann fällt mir der Abschied hier schwer.*

*Und ich bleib noch ein wenig hier draußen am Strand
und der Wind streichelt sanft meine Haut.
Dann fühl' ich noch mal den schneeweißen Sand
der mir hier auf dem Darß so vertraut.*

Was geht uns durch den Kopf, wenn wir unsere Gedanken mit dem Wind fliegen lassen?
Welche Träume erfüllt er uns und welche nimmt er mit sich?

Ich sehne mich nach frischem Wind

Kalt wird er sein
und ungemütlich

vielleicht nass!

Durch alle Ritzen wird er ziehen
und nicht bleiben

vielleicht fliehen?

Die Wärme nimmt er mit sich
und die Gedanken auch

vielleicht jetzt?

Kann ich die Freiheit noch erlangen?
Werd' ich für die Wahrheit blind?
Ich bin hier in mir gefangen.
Und sehne ich mich nach frischem Wind

Verloren werd' ich sein
und hilflos

vielleicht frei

Träume im ewigen Wind

Deine Augen so hell wie die Sterne der Nacht.
Sie machen mich hilflos und blind.
Und es muss jemand da sein der sie bewacht
weil sie mir allgegenwärtig sind.

In Gefühlen verborgen, meine Zuneigung lebt,
damit sie dort niemand entdeckt.
Und der Drang meiner Sehnsucht an der Wirklichkeit
klebt,
die mich mit den Wahrheiten neckt.

Wo auch immer der Wind deine Träume versteckt,
dort hin will auch ich mit dir geh`n.
Und wann immer dein Herz die Hand nach mir streckt,
so werde ich doch widersteh`n.

So wie ein Staubkorn verfliegt, im ewigen Wind,
vergeht auch mein Traum in der Nacht.
Und wenn am Himmel die Lichter verloschen sind,
hat dort niemand die Sterne bewacht.

Und in den Bäumen wohnt der Wind

*Ein heller Strahl in dunkler Nacht,
der dir im Traum ein Licht anmacht,
wird dir gesandt vom Silbermond,
der oben in den Wolken wohnt.*

*Sogar das warme Sonnenlicht,.
welches sich im Wasser bricht,
will mit Farben dich belohnen,
die im Regenbogen wohnen.*

*Und Wolken woraus Tränen fließen,
niemals mehr dein Herz verschließen,
weil sie schon längst verflogen sind,
denn in den Bäumen wohnt der Wind.*

*Erzählst du mir von deinem Leben
und wie viel Dinge daran kleben,
dann höre ich dir gerne zu,
denn tief in mir, da wohnst nur du.*

Wie frei kann man sein, wenn man sich die Freiheit einfach nimmt?
Endet es nicht damit, dass man ständig darum kämpfen muss, sie nicht wieder zu verlieren? Und ist man dann auch wirklich frei?

Freiheit ohne Schranken

Der Wind berührt meine Gedanken
und lässt sie mit den Wolken ziehen.
Schenkt ihnen Freiheit ohne Schranken
um sanft mit ihnen zu entfliehen.

Auf dem Weg ohne Verpflichtung
wird aus der Fantasie ein Spiel.
Und man geht in eine Richtung
auf eine Reise ohne Ziel.

Doch die Spötter warten schon
denn auf dem Weg bin ich allein.
Mit ihrem Lachen voller Hohn
holt mich die Wirklichkeit schnell ein.

Im Wind verwehen die Gedanken,
mit ihnen geht das wahre Glück.
Sie gaben Freiheit ohne Schranken
und heimlich träum´ ich sie zurück.

Meist auch allein

Hier unten am Boden wird mir vieles zu klein
ich muss mich der Enge entzieh`n.
Und ich sprenge die Kette die mich einst band
um leis aus dem Alltag zu flieh`n.

Hoch in den Wolken und darüber hinweg
da kann ich die Freiheit noch seh`n.
Und tragen mich Schwingen in den Himmel hinauf
versuch´ ich die Welt zu versteh`n.

Verlier´ ich die Richtung und weiß nicht wohin
dann fällt es mir schnell wieder ein.
Frei sein bedeutet man lebt ohne Zwang
doch dann ist man meist auch allein.

Wir verloren unsere Tochter Sanja an eine ausgedachte, eine erfundene Freiheit. Im Sommer 2009 folgte sie ihrem Ruf, und auch hier trug der Wind all die Worte der Vernunft mit sich fort.
Wir werden auf sie warten.

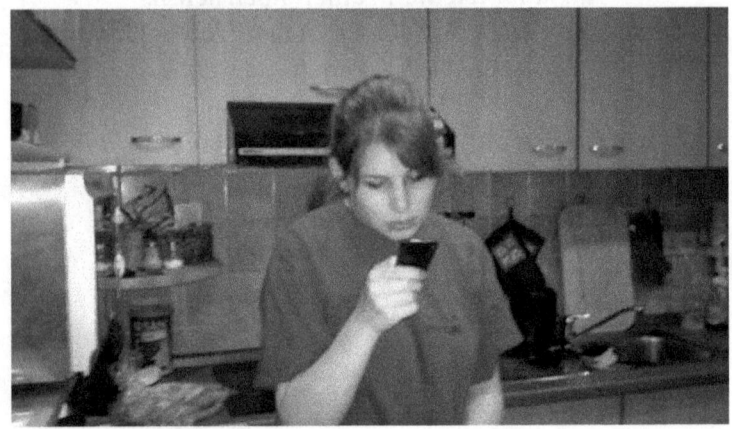

Und mit der Freiheit kam der Regen

Für Sanja

Doch mit der Freiheit kam der Regen.
Und seit du fortgegangen bist -
verschwimmt dein Bild auf allen Wegen,
damit dich niemand mehr vermisst.

Wohin sind all die Frühlingsrosen
die einst in deinen Armen lagen?
Sie wurden still zu Herbstzeitlosen -
die nun auf immer Trauer tragen.

Und ach, wohin sind all die Worte
die einmal deinen Namen riefen?
So auch die Liebe schnell verdorrte
weil die Gedanken sich verliefen.

Und mit dem Wind kam das Vertrauen
das dir verloren ging zurück.
Wir werden wieder darauf bauen
und wir behüten unser Glück.

Für meine Tochter Sanja
(September 2009)

Gestern noch

Gestern hab´ ich dich verloren
und sah mein Leben ohne Sinn.
Heut´ schon bin ich neu geboren
und weiß nun wieder wer ich bin.

Gestern flossen meine Tränen
worauf die Seele unterging.
Doch heut´ schon fang ich an zu leben
denk nicht mehr dran, wie`s mir erging.

Gestern noch war ich gefangen
doch diese Zeit ist nun vorbei
Heimlich bist du fortgegangen
und mein Herz ist wieder frei.

Gestern noch

Weiße Flügel tragen schwer

*Der helle Glanz der dich umgibt
verdunkelt meinen klaren Blick
Mein Herz hat sich in dich verliebt
doch der Verstand hält mich zurück.*

*Wie gern will ich dir Liebe schenken
und zärtlich deine Haut berühren.
Doch muss ich immer daran denken,
es würde auch sehr viel zerstören.*

*Jemand schenkt mir sein Vertrauen.
Jemand der schon auf mich wartet
Jemand wird auf Liebe bauen
und das wird auch von mir erwartet.*

*Mein Herz hat sich in dich verliebt
und weiße Flügel tragen schwer,
weil mein Gefühl mir nicht vergibt,
die Last der Schuld mir hinterher.*

Hoffnung liegt am Wegesrand

Glücklich und frei, so zauberhaft schön
vom Glanzlicht der Sonne geküsst
Fröhlich lachend, im Winde sich dreh`n
und Liebe die dich nie verlässt.

Augen so klar und selig vor Glück
so hell wie die Sterne der Nacht.
Leben als Ganzes, nicht nur am Stück
und seh`n was das Glück daraus macht.

Kindlich verspielt und zeitlos verträumt
tauchst du in die Nebelwelt ein.
Doch zärtlich berührt hast du`s versäumt
der Wirklichkeit nahe zu sein.

Traurig verloren, ganz ohne Halt
so wie eine Träne im Meer.
Hilflos und schwach, so unglaublich kalt
fällt plötzlich die Wahrheit dir schwer.

Weinend und still, die Taten bereut
suchst du nach verlorenem Glück.
Und Zeit die dein Herz wieder erfreut
bringt dir deine Träume zurück.

Fröhlich lachend, so zauberhaft schön
Glücklich und frei, im Winde sich dreh`n.

Wunderwald

*Ich weiß nicht wie ich's sagen soll
dein Anblick nimmt mir jeden Mut.
Ich finde deine Augen toll
und wenn du lachst tut es mir gut.*

*Ich kenne dich seit langer Zeit.
und wüsste gerne von dir mehr.
Verpasste die Gelegenheit
doch das ist viel zu lange her.*

*Wenn unsere Körper sich berühr'n,
beim Abschied und beim Wiederseh'n
dann kann ich deinen Atem spür'n
und würd' so gerne mit dir geh'n.*

*In Träumen seh' ich dein Gesicht,
doch auch nur dort gehörst du mir.
Was ich empfinde weißt du nicht
denn nur geheim bin ich bei dir.*

*Heut bleibt nur noch ein Bild von dir
das mir mein Herz von dir gemalt.
Und wenn ich dich jemals verlier
besuch ich dich im Wunderwald.*

Funkelnder Stern

Funkelnder Stern
gefesselt vom Antlitz der Schönheit
geblendet durch das Licht
erblinden deine Augen
ohne jemals gesehen zu haben.

Funkelnder Stern
gefangen in des Lebens Käfig.
umhüllt von Selbstbetrug
verlöscht dein Glanz
ohne jemals geleuchtet zu haben.

Funkelnder Stern
befreit durch echte Liebe
entkommen durch Erkenntnis
fühlt dein Herz wieder Stärke
        ohne jemals stark gewesen zu sein.

        Funkelnder Stern...

Große Feuer, kleines Licht

Helle Feuer,
entfacht in großer Dunkelheit
flackern auf um zu verglühen.
Und schon -
ganz ohne Macht
sind sie bald nicht mehr zu sehen.

Kleine Lichter
inmitten großer Helligkeit
scheinen lieblos zu vergehen.
Und doch -
in dunkler Nacht,
sind auch sie ganz hell zu sehen.

Klartext ?

Wenn Worte aus der Seele sprechen
und sie die Wahrheit nicht verdrehen,
so kann die Klarheit Herzen brechen
die den Verstand nicht mehr verstehen.

Doch will sich das Gefühl verstecken,
das noch in deinem Herzen wohnt,
dann willst du die Versuchung schmecken
für die es sich zu lügen lohnt.

Denn wahre Worte sind verhext.
Sie werden oft zurechtgebogen.
Und in so manchem klaren Text
erscheint die Wahrheit als gelogen.

Angehäufte Kleinigkeiten

*Die angehäuften Kleinigkeiten
mutieren oft zu Widrigkeiten,
die in den Lebensraum dir reichen
und sich deinen Platz erschleichen.*

*Als hättest du es schon geahnt,
wirst auch du bereits verplant.
Du wirst von Alledem erdrückt,
wovon du denkst, du wirst beglückt.*

*Drum wirf ihn fort, den Wohlstandsmüll
und kehr zurück zu dem Gefühl,
das dir die Freiheit wiedergibt
und spür' wie dich das Leben liebt.*

Cassandra sah den Drachen fliegen

Nebel verhüllte einst das Land.
Und finstre Nacht gebar den Mond.
Im Zwielicht, dort am Waldesrand
ein großer Feuerdrache wohnt.

Niemand wollte es je wagen
und ihn in seiner Höhle stören.
Denn man weiß aus alten Sagen
man wird nie wieder von ihm hören.

Im Dorfe ging die Angst herum
Cassandra sah den Drachen fliegen.
Die stärksten wurden ausgeschickt,
das Untier mutig zu besiegen.

Sie rannten los in ihr Verderben
Und niemand kehrte wieder heim
Der Drache ließ sie alle sterben
Zurück blieb Klage nur und Pein.

Ach warum nur diese Qual?
Warum nur dieser große Schmerz?
Hat man denn keine andere Wahl?
Cassandra hat ein gutes Herz.

Sie schlich sich fort, in dunkler Nacht
Nur Mondlicht nahm sie bei der Hand
Die Sonne war noch nicht erwacht
als sie vor seiner Höhle stand.

In Ehrfurcht sie den Namen rief,
mit Blumen die zum Kranz gebunden,
sie langsam hin zum Drachen lief,
den in der Tiefe sie gefunden.

"Was willst du hier?", der Drache sprach,
"Mein Feuerstrahl wird dich vernichten!
Ich war`s der die Lanzen brach -
Du kannst nichts Gutes mir berichten!"

"Zwei Tränen", rief Cassandra aus,
"die habe ich dir mitgebracht!
Sie bringen Liebe in dein Haus
und löschen deines Feuers Macht!",

Das Untier aber lauthals lachte.
"Das Feuer ist der Drachen Gabe!
Weil es mich unbesiegbar machte,
bin ich erst froh, dass ich es habe!"

"Es bringt uns Wärme und das Licht
Und Frieden dann für alle Zeiten.
Siehst du denn meine Tränen nicht?
Sie werden immer mich begleiten."

Und er vernahm Cassandras Flehen,
doch seine Flammen er verbarg.
Als er begann sie zu verstehen,
des Drachen Feuerstrahl erstarb.

Und so geschah, was niemand dachte.
Ihre Mission sie war vollzogen.
Da Friede übers Land sie brachte,
war die Angst im Dorf verflogen.

Freundschaft hat den Krieg besiegt.
Cassandras Mut hat sich gelohnt.
Wie viel davon bei uns wohl liegt
was hier in unseren Herzen wohnt.

Todesrot

Meine Lippen
die mit Todesrot geschminkt
küssen deine Ewigkeit.
Und ich folge deinem Ruf
durch die Dunkelheit der Zeit
um dir nahe zu sein.

Meine Hand
die den Silberdolch führt
gehorcht dem Befehl des Geistes.
Ganz leise verfliegt der Schmerz
und gibt der Finsternis Raum
um mit ihr einsam zu vergehen.

Meine Haut
die im Mondlicht verblasst
fühlt kalt den Todeshauch der Stille.
Und rot fließen Tränen
hinunter in die Tiefe
um mit dir eins zu sein.

Wo man die Seelen einst gerettet

Mit Freude er die Seelen quält,
verführt mit grinsendem Gesicht.
Ganz tief im Dunkel seiner Welt,
der Teufel von der Hölle spricht.

Ein Rabenvogel trägt sie fort,
dorthin wo längst kein Wind mehr weht.
Wo Hoffnung stirbt an jedem Ort
und Satan dir zur Seite steht.

Auf kaltem Stein gebettet,
der Dunkelheit entronnen,,
hat man die Seelen einst gerettet
und ihren Wehgesang vernommen.

Magische Worte und Mixturen,
aus einem Herz mit reinem Blut.
Geheimnisvolle Zauberuhren
und Formeln aus der Feuersglut.

Liebe wird den Hass besiegen
und Güte bläst die Feuer aus.
Im Zauber soll die Wahrheit liegen,
denn dort nur ist sie auch zu Haus.

Als helle Sterne in der Nacht
sieht man sie nun am Himmelszelt.
Entkommen aus der Teufelsmacht,
seh`n sie hinab auf unsere Welt..

Und heute lasse ich dich los

Die Träume sind längst ausgeträumt
Gefühle sorgsam eingeräumt
Gedanken wurden gut verstaut
Und Schuldbewusstsein aufgebaut

Wahrheit wurde oft verschwiegen
Ließ sich gut genug verbiegen
Der Glaube an Gerechtigkeit
Verloren in der Ewigkeit

Die Liebe bald schon, war verdorrt
Nur Lippen formten noch das Wort
Sieh an, wie eine Träne fließt
Und sich in Selbstmitleid ergießt

Doch tief im Herzen brennt noch Licht
Und zeigt mir, dass es nicht zerbricht
Es gibt der Seele einen Stoß
Und darum lasse ich dich los.

Und dann kam Stille zu Besuch

Die zufallende Tür
blies mir noch etwas Streit entgegen.
Unseren Streit.

Dann kam Stille zu Besuch
und ich bewirtete sie mit Tränen.

Doch sie flossen in die Leere
und fraßen sich in mein Herz,
denn dort wohnt noch ein Rest von dir.

Warum hast du sie nicht mitgenommen,
diese Leere?

Das Kind in dir

Das Kind in dir, es lacht dich aus
sobald allein du mit ihm bist.
Aus deiner Haut kommst du nicht raus
weil sie das Kindsein nicht vergisst.

Das Kind im Mann, so sagen sie -
und das weiß ich nur zu genau,
es hat verspielte Fantasie
wie auch so manche starke Frau.

Er kickt den Ball mit viel Elan
am Tor vorbei, die Scheibe kracht.
Und rennt dann fort, so schnell er kann.
Doch hört man wie er heimlich lacht.

Er spielt gern mit der Eisenbahn
und lässt Modellbahnautos kreisen.
Er klettert auf den Apfelbaum,
um es sich selber zu beweisen.

Sie malt ein Herz auf nasse Scheiben
und findet Teddybären süß
Verzierte Liebesbriefe schreiben
an Männer, die sie einst verließ.

Und wird ein Wunsch nicht gleich erfüllt
dann ist sie trotzig und beleidigt.
Weil nur die eigene Meinung zählt
wird diese dann auch strikt verteidigt.

Denkt man mal so drüber nach
dann ist man doch ein Kind geblieben.
Es schläft, doch manchmal wird es wach.
und das ist nicht mal übertrieben.

Liederblüte

(für den Flörsbacher Chor)

In Flörsbach gibt es einen Ort
an dem man fröhlich ist und singt.
Man lacht die Sorgen einfach fort.
die so das Leben mit sich bringt.

Ein jeder ist mit Herz dabei,
mit viel Freude und Elan.
Denn keinem ist es einerlei
was so ein Lied bewirken kann.

Und so reifen immer wieder
die Knospen vieler Melodien
zu Blüten schönster Liebeslieder
und regen an die Fantasien.

Damit auch jeder hier im Chor
den richt`gen Einsatz nicht verpennt.
(gleich erkennt)
braucht Astrid stets ein gutes Ohr
denn sie ist hier der Dirigent.

So klingt durchs ganze Flörsbachtal
ein Gesang von hoher Güte.
Und der Stimmen Widerhall,
er reift heran zur Liederblüte.

Das nächste Kapitel gehört dir, Papa.
Du, der andere Menschen immer so gesehen hat wie sie sind. Der anderen stets geholfen hat wenn Not am Mann war und auf Fragen immer versuchte, die richtigen Antworten zu finden.
Vor allem aber warst du in all den vielen Jahren mein Vater. - Ein guter Vater.

Doch heut´ fiel Schnee auf dein Gesicht

*Und Schnee bedeckte dein Gesicht
aus dem du Regentropfen machtest.
So sahen wir deine Tränen nicht
mit denen du so lange lachtest.*

*Und sie benetzten unser Herz
doch viel zu blind war unser Geist.
So fühlten wir nicht deinen Schmerz
der dir nun die Richtung weist.*

*Doch heut´ fiel Schnee auf dein Gesicht
und deckte es für immer zu.
Mit dir erlischt ein helles Licht
und findet nun für ewig Ruh.*

*So wollen wir unsere Gedanken
an die Erinnerungen binden.
Und Gefühle werden ranken
wo wir dich in den Träumen finden.*

Wo klares Wasser einst entsprang

*Wo klares Wasser einst entsprang
nahmst du mich mit auf deine Reise.
Ich hör noch heut des Baches Klang,
der ganz am Anfang noch sehr leise.*

*Und bei Fragen meines Lebens
war deine Antwort immer ja
und ich fragte nie vergebens
denn du warst immer für mich da*

*Du gabst mir einen festen Stand
und ich umging deine Verbote.
Doch reichtest du mir stets die Hand
wenn ich mal zu ertrinken drohte.*

*Dort wo der Fluss zu Ende ist
winkt mir noch einmal deine Hand.
Und auf dem langen Lebensweg
verliert sich deine Spur im Sand.*

Und mit dem Winter gingst auch du

*Tränen fließen wie der letzte Schnee,
der sich heimlich davonschleicht,
um dem Frühling Platz zu machen.*

*Doch es wärmt mich keine Sonne.
Und hilflos erstarrt mein Herz,
denn mit dem Winter gingst auch du.*

*Leise verliert sich deine Spur im Wind
und ich folge ihr, um dich nicht zu verlieren.
Denn dort, wo ich dich wiederfinde
da nur ist mein Herz zu Hause.*

Doch mit dem Winter gingst auch du.

Es schweigt im Herzen mir das Lachen

Es schweigt im Herzen mir das Lachen
in meiner Seele stirbt ein Stern.
Dort werde ich dich gut bewachen
denn so bist du mir nicht mehr fern.

Es steht ein Baum in deinem Garten
der leise deinen Namen nennt.
Dort wirst du einmal auf mich warten
weil auch für mich die Zeit verrinnt.

Du machtest Licht auf allen Wegen,
warst heller noch als Sonnenschein.
Jetzt geh´ ich deinem Licht entgegen
und werde einmal bei dir sein.

Nie mehr dieselben Träume

Es ist nicht mehr derselbe Weg
Es sind nicht mehr dieselben Lieder
Die Wege seh`n jetzt anders aus
ich weine Tränen immer wieder.

Die Träume sind nicht mehr so bunt
ihr Farbenspiel verblasst im Raum
Die Seele ist nicht mehr gesund
und ich träum´ einen anderen Traum.

Es ist nicht mehr dasselbe Gras
es wachsen darauf andere Blumen
Die Seele wird vom Regen nass
vom Leben bleiben nur noch Krumen.

Will mit dir sein

Nun schreib ich wieder ein Gedicht.
Für wen? Wozu? - Ich weiß es nicht.
Es tat der Seele einmal gut
doch heut´ fehlt mir der Lebensmut.

Das Leben ist mir einerlei
die Zukunft scheint für mich vorbei.
Wozu soll ich mich weiter plagen
Es ist so viel nicht zu ertragen.

In deinem Wald kehrt Ruhe ein
Ein Baum wird nun dein Hüter sein.
Dein Tod, er raubt mir den Verstand.
Will mit dir sein am Waldesrand.

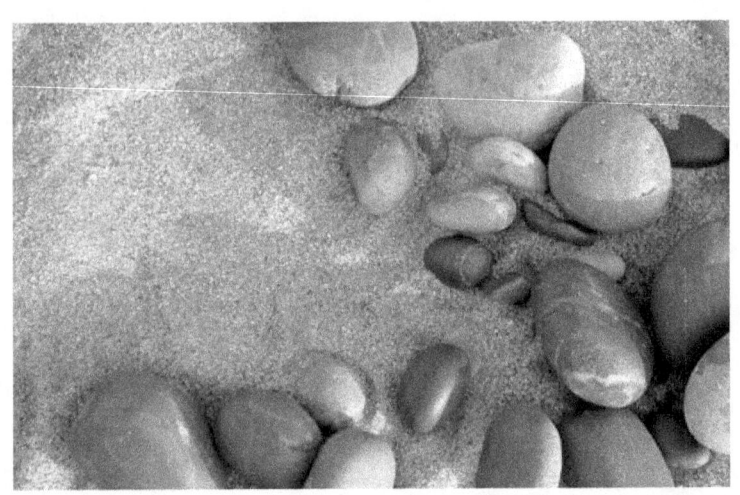

Steine im Sand

Bin ich geflogen
oder war selbst ich der Raum?

Wurd´ ich geboren
oder war selbst ich nur Traum?

Hab ich gelebt
oder war selbst ich die Zeit?

Sagt man mir wann
oder bin selbst ich bereit?

Was ist Besitz?
Was hat Bestand?
Was vom Leben mir bleibt
sind nur Steine im Sand.

Dieses Leben geht weiter.
Aber was soll ich jetzt noch damit anfangen?
Es erscheint mir sinnlos.

Und du würdest sagen: „Nicht weinen, lachen sollst du.
Es ist egal."

Du würdest sagen: „Mach was du willst. Schreib´ doch mal ein völlig sinnloses Gedicht."

Und dann würde ich lachen. Tränen würde ich lachen.
Ich weiß, du wirst mir antworten, sollte ich Fragen haben.

Und ich werde deinen Rat befolgen, denn in meinem, in unser aller Herzen lebst du weiter.

Sinnloses Gedicht

Ein kleiner Wurm, vom Regen nass
der lag so da im grünen Gras.

Er dachte sich, ich schlaf jetzt ein
dann werde ich bald trocken sein.

Erst kam ein Wind, dann kam ein Sturm
und blies ihn fort, den armen Wurm.

Doch unser Wurm, der schlief so fest
und landete in einem Nest.

In dem jedoch die Amsel saß
die mit Genuss das Würmchen fraß.

Doch halt Moment
so geht das nicht.
sonst wär`s zu traurig das Gedicht.

Der kleine Wurm also, wacht auf
und schaute zu den Wolken rauf.

Hoch oben er die Amsel sah
und schnell erkannte die Gefahr.

Ein Loch zur Flucht das wär´ jetzt gut
und eine ganze Menge Mut.

Die Amsel flog, dem Sturzflug nah,
zur Stelle wo das Würmchen war.

Doch dieses hatte sich versteckt
und blieb deswegen unentdeckt.

Für heute ging es noch mal gut
Die Amsel kochte voller Wut.

Hier endet nun diese Geschicht´
mit einem sinnlosen Gedicht.

Der Nasenbär

In einem riesengroßen Zoo,
ich glaub' da hinten irgendwo-
vielleicht auch dort in Gütersloh.

Da hatte hinter seinem Gitter
ein Nasenbär nach dem Gewitter
in seiner Nase einen Splitter.

Der Bär ganz fürchterlich erschrak,
denn nach dem Blitz kam Donnerschlag
und schwups er in dem Kaktus lag,

der da so rum stand ohne Grund,
denn ein Schreck in solcher Stund'
ist bei Gewitter ungesund.

Der Nasenbär nahm es nicht schwer
zog einfach aus, wohnt hier nicht mehr.
Seitdem bleibt nun sein Käfig leer.

Der Nasenbär

Und immer wenn mich Wind berührt

Und immer wenn mich Wind berührt
dann weiß ich du bist da.
Und mit den Wolken fliegt dein Geist
ganz weit, und doch bist du mir nah.

Und wären meine Augen blind
so könnten sie dich dennoch sehen.
Und wären meine Ohren taub
so würden sie dich noch verstehen.

Und immer wenn der Winter kommt
dann wird es mir nicht mehr so kalt.
Denn die Erinnerung an dich
macht vor der großen Kälte halt.

Und immer wenn ich nichts mehr weiß,
dann wein' ich Fragen in den Wind.
Er trägt sie leise mit sich fort
dorthin wo deine Träume sind.

Und immer wenn mich Wind berührt
dann weiß ich du bist da.

Spuren

*Von Kritikern getrieben
sitzt mein Geist in einem Käfig
der nur oben, unten, rechts und links zulässt*

*Von den Träumern verfolgt
flieht mein Geist durch Dimensionen
in denen sich Träume gleich geworden sind*

*Doch ich will Spuren hinterlassen
Ich will denken kreuz und quer
Will Träume noch in Reime fassen
die fröhlich frei sind und nicht leer*

Kopfüber

Verschlungen von grellen Farben
die mich entführen
mich fesseln
quälen

fliehen weiße Fetzen
meiner Gedanken
hinaus
und mischen sich zu Milchbrei.

Genüsslich lecke ich ihn aus

Kopfüber

Farbenfroh

Durch`s Leben gehen, farbenfroh
Mit Purzelbäumen oder so.
Und einem großen Herz voll Glück
geht es nur vor, niemals zurück.

Wie ein Kind, mal ganz laut lachen
Und ungehalten Faxen machen
Nur einmal so durch Pfützen springen
und freche Lieder dazu singen.

Ganz fest an fremde Türen klopfen
Mit Kaugummi das Schloss verstopfen
Und schreien nur mal so zum Spaß
mit ganz viel Lärm, das wär mal was.

Im Garten eine Sandburg bauen
Vom Apfelbaum die Früchte klauen
Den Hund der Nachbarin erschrecken
und aus ihrem Schlaf sie wecken.

Das alles möchte ich gern tun
Verrückt sein ohne auszuruhen
Durch`s Leben gehen, farbenfroh
mit Purzelbäumen oder so.

Codename Sandmann

*Wie war er doch so schön, der Morgen
als ich im Schlaf mich noch befand.
Mich quälten keine Alltagssorgen
nur in den Augen etwas Sand.*

*Das muss der Mann gewesen sein,
der, von dem sie immer sagen,
er kommt des Nachts ins Zimmer rein
um dann, und ohne uns zu fragen,*

*Sand in unsere Augen streut
um uns in den Schlaf zu zwingen,
und er sich sehr darüber freut
wenn wir im Traume Lieder singen.*

*Und nicht nur das, auch geben wir
im Traum so manch Geheimnis preis.
Und heimlich durch die Hintertür
merkt er sich das, still und leis.*

*Was will er nur damit erreichen?
Wer gab ihm den Befehl dazu?
Was will er sich dadurch erschleichen?
Und warum stört er unsere Ruh´?*

*Vielleicht ist er ja nicht allein
und er agiert im großen Stil
Es müssen Traumagenten sein
mit einem nicht ganz sauberen Spiel.*

*Heut wach´ ich wenn ich müde bin
und lasse meine Augen auf.
Ich lege mir `nen Zettel hin
Codename Sandmann steht dort drauf..*

*Am Morgen fühl` ich mich erschossen.
Was ist denn nur mit mir gescheh`n?.
Mit Sand die Augen fest verschlossen.
Ich hab ihn wieder nicht geseh`n.*

*Doch was soll ich euch auch sagen
Der Sandmann macht uns doch nur froh.
Wie schon seit vielen hundert Tagen
es ist, es war und bleibt auch so.*

*Drum rate ich zu großer Vorsicht
wenn wieder einmal Sand im Spiel.
Alles wissen muss man auch nicht,
denn manchmal führt`s zum falschen Ziel.*

Ach wäre ich doch

Ach wär´ ich doch ein Harlekin
und täuschte vor der Wahrheit Schein.
So Vieles müsst´ ich nicht versteh`n
nur in Gedanken bei dir sein.

Auch wär´ich gern ein Lyriker
mit Worten voller Poesie
Die Liebe würde ich verschenken
in Zeilen meiner Fantasie.

Und wäre ich ein Zauberer
mit Wunderkraft und Zauberbuch
Du wärst nicht mehr weit weg von mir
denn öfter wärst du zu Besuch.

Und wenn ich mal ein Sänger bin
sing ich dir Liebeslieder vor.
Und leise Töne wandern dann
als wohlig Klang ins rechte Ohr.

Als Maler malte ich dein Bild
mit bunten Farben auf Papier
Und wenn du auch nicht da sein kannst
dann wärst du trotzdem hier bei mir.

Doch bleibe ich ein Träumer nur
der bloß der Wirklichkeit entflieht.
Die Wahrheit ist mir auf der Spur
doch glaubt sie nicht, was sie nicht sieht.

Küss mich

Küss mich bis zum Abendrot
Küss mich weil es glücklich macht
Küss mich ohne ein Verbot
Küss mich in der Liebesnacht

Küss mich wie am ersten Tag
Küss mich zärtlich auf den Mund
Küss mich wie ich`s gerne mag
Küss mich in der Abendstund´

Und weil es mich so glücklich macht
will auch ich dir etwas geben
Damit im Herz dir Sonne lacht
verschenke ich ein Kusserdbeben

Ich küss dich wie am ersten Tag
Ich küss dich in der Knuddelstund´
Ich küss dich weil ich dich so mag
auf deinen süßen frechen Mund.

Samtweiche Lippen

*Samtweiche Lippen von Schönheit geküsst
ein lachender Mund den niemand vergisst.*

*Mit strahlenden Augen, dem Sonnenlicht gleich
und wehenden Haaren wie Watte so weich.*

*In Träumen gebettet, so liege ich da
gefühlvoll verloren bist du mir so nah.*

*Und fliegst du vorbei mit lieblichem Duft
dann hör´ meine Stimme, die heimlich dich ruft.*

Noch nicht

Und wieder, wie schon so oft, sehe ich dich dort am Fuße des alten Leuchtturms stehen.
Sanft streichelt der Abendwind dein dunkles Haar.
Das blaue Sommerkleid, meine Güte, wie sehr ich es an dir mag, lässt deine makellose Figur erkennen.
Du hast deine Schuhe ausgezogen. Lässig baumeln sie in deiner linken Hand. Mit nackten Füßen malst du Herzen in den Sand um sie kurz darauf wieder zu verwischen.
Diese Sehnsucht in deinen Augen. Und wie du suchend auf das Meer hinaus schaust.
Wartet doch Ungeduld und Angst auf diesen einen Augenblick. Auf jenen Moment, der sich in Erfüllung und Furcht ergießt.
Warum nur? Warum muss es immer wieder dazu kommen? Doch schon wieder stehst du da und wartest. Wartest auf mich, der genauso wie du jedes Mal hierher kommt. An diesen Ort, den niemand kennt, den niemand kennen darf, außer uns zwei.
Ich warte. Heimlich genieße ich deinen Anblick, der in diesem Moment nur mir gehört. Nur mir, niemandem sonst.
Du hast mich nicht bemerkt. Noch nicht.

In mir wächst die Lust. Lust, dich zu spüren, zu fühlen, zu atmen.

Ich mache ein paar Schritte in deine Richtung. Ich gehe langsam. Dein Bild soll mir noch eine Weile erhalten bleiben.
Gleich, gleich bin ich bei dir.
Du lächelst, hast mich kommen hören, drehst dich aber nicht nach mir um. Noch nicht.

Jetzt bin ich dir nah, ganz nah.
Dein Duft raubt mir den Verstand.
Ganz sanft, berühren meine Finger dein Kleid, welches vom seichten Wind getragen, an einigen Stellen nicht einmal deinen Körper berührt.
Du spürst es, du willst es, aber ich gebe es dir nicht. Noch nicht.

Ich bin aufgeregt, wie immer wenn wir uns hier treffen. Ist es die Freude auf das was uns hierher treibt, oder die Gewissheit, dass wir etwas Verbotenes tun? In diesem Moment ist es egal.

Das Herz rast, mein Atem stellt einen Rekord auf. Ganz zaghaft teile ich die Haare, die deinen Hals bedecken, um für einen ersten, zarten Kuss Platz zu machen. Noch immer drehst du dich nicht um. Dein Kopf fällt leicht nach hinten. Meine Arme halten dich jetzt fester, ja sie umklammern dich beinahe. Jetzt bleibt dir meine Erregung nicht länger verborgen. Dein Körper presst sich an mich.

Und immer wieder dieser Duft. Ich kann nicht, ich will nicht davon lassen. Und ich atme keine Luft mehr, ich atme nur noch dich, dich, dich.

Meine Hände fühlen deinen flachen Bauch und du gibst die Richtung vor.
Das Kleid zeigt Konturen der Erregung. Die Hände folgen mir nicht mehr, sie folgen nur noch dem Gefühl. Deine Brust, so weich und doch so fest. Meine Hände gleiten über die Schultern, wandern den Rücken hinunter und heben verlangend das Kleid über die Hüften.
Jetzt, wo sie nur noch Haut spüren, gehen sie auf Endeckungsreise. Eine Reise die ihnen sehr vertraut ist, und doch immer wieder darauf bedacht, etwas Neues zu entdecken.
Ein leises Seufzen. Endlich gibst du deiner Lust nach und du drehst dich nach mir um. Die Schuhe fallen in den Sand und deine Zunge schmeckt nach verbotener Leidenschaft. Wir wissen es längst. Wissen, dass es uns nicht erlaubt ist und doch haben unsere Hände lange aufgehört zu suchen. Sie wollen nur noch finden, geben, nehmen, fühlen.
Lautlos fällt dein Kleid in den Sand.
Dieses Kleid, das meine Sehnsucht gestaltet, das mich willenlos macht. Jetzt ist der Moment gekommen, da ich es nicht mehr an dir sehen will, jetzt will ich dich, es muss weg, weg, weg!
Es geht uns nicht schnell genug. Dein Atem erhebt sich zu einem lustvollen Wimmern. Deine Hände haben längst gefunden was sie

suchten und führen einen Machtkampf zwischen Lust und Zurückhaltung.
Benommen fallen wir in den Sand. Du lächelst. Es ist dieses lust- beherrschende Lächeln, welches mich zu deinem Spielball macht. Ein Spielball, mit dem du alles, aber auch wirklich alles anstellen kannst.
Meine Zunge sucht deinen Nacken, deine wohlgeformte Brust, deinen Bauchnabel. Hilflos lässt du es geschehen wie dein Slip Stück für Stück über dein Becken rutscht, immer weiter, ganz zaghaft, ganz langsam, doch du willst jetzt nicht mehr länger warten. Ich will nicht mehr warten und doch zögern wir es hinaus.
Es soll nicht vorbei sein. Noch nicht.

Meine Zunge findet das wonach sie sich sehnt. Dieser salzig, feuchte Geschmack auf glatt rasierter Haut. Ich will mehr, noch mehr von dir, will alles, will dich am Limit.
Deine Welt, nicht mehr im Jetzt. Wirbelnde Strudel aus endlosen Farben und ein zitternder Körper der sich in der Unendlichkeit des Seins entlädt.

Glück zeichnet dein Gesicht. Zärtlich streichelt deine Hand über meine Wangen. Ich halte sie fest, sehe dich an und küsse dich zärtlich auf den Mund. Wieder schlagen die Wogen der Lust höher und höher. Du richtest dich auf, ich spüre den Sand unter meinem Rücken und dann sind wir Eins. Die gleichmäßigen Bewegungen

deines Schoßes im Gleichklang mit der Brandung, lassen uns noch einmal den Gipfel der Lust erleben. Schweißnass und glücklich liegst du in meinen Armen. Und ich verzehre mich nach deinem Duft. Du machst mich süchtig.
Ich will dich halten, ganz fest halten, doch plötzlich wird mir dein Kleid, dieses blaue, kurze Sommerkleid, zum Feind. Du lächelst nur, löst dich aus meiner Umklammerung und hebst es auf. Du streifst es über und es grinst mich an, als wüsste es, dass es nun wieder einmal vorbei ist

Dann stehst du vor mir. Deine Augen weinen Abschied. Bis zum nächsten Mal, wenn uns unsere Gier erneut hierher zwingt.
Und nun gehst du zurück in eine gewohnt vergilbte, langweilige Geborgenheit. Mit staubbedeckter Seele sehe ich dir nach, verfolge mit den Augen deine Spuren die als letzter Rest von dir übrig bleiben.
Du hast sie nicht mehr angezogen, deine Schuhe. Lässig baumeln sie wieder in der linken Hand. Ich frage mich, ob es Liebe ist. Doch wir waren viel zu erregt, als dass wir von Liebe hätten sprechen können.
Liebe?
Wir werden sie nicht zulassen noch nicht.

98

Lieber nicht

Und wieder sehe ich dich dort drüben, am Fuße des Leuchtturmes stehen. Wartend, auf das Meer hinausschauend, mit sehnsuchtsvollem Blick.
Dein kurzes, blaues Sommerkleid flattert im Wind. Die Schuhe hast du ausgezogen. Lässig baumeln sie in deiner linken Hand. Dein Anblick raubt mir die Sinne. Welch makellose Figur. Dein Kleid zeigt mehr als es verdeckt. Meine Güte, wie sehr ich es an dir mag. Der frische Wind, der vom Meer herüberweht, spielt mit deinen dunklen Haaren. Nervös streichst du es mit der anderen Hand aus deinem Gesicht. Was wird dich heute hier erwarten?

Warum kommst du immer wieder hier her an diesen Ort? Ist es der Reiz des Verbotenen, oder einfach nur Neugier die dich hierher treibt?
Mit deinen nackten Füßen malst du Herzen in den Sand, um sie kurz darauf wieder zu verwischen.

Du wartest. Wartest auf mich. Hier wollten wir uns treffen. Hier an diesem Ort, den niemand kennt, den niemand kennen darf, außer uns beiden.
Deine Sehnsucht, wie sehr sie dich doch bewegt. Wie sie das Bild gestaltet, das du dir

von mir gemacht hast. Und jetzt stehst du da und wartest. Wartest auf jemanden, von dem du glaubst, dass er dir deine Sehnsüchte nimmt.

Und ich? Was mache ich hier eigentlich? Komme hierher, an den Strand. An unseren Turm, wie wir immer sagten, nur um dich wieder zu sehen.

Und nun gilt meine Aufmerksamkeit nur dir. Genieße wahrlich deinen Anblick. Wie gut es tut. Du tust mir gut.

Die Lust, die dich berühren will, die entfesselte Gier, die es nicht erwarten kann dir das Kleid vom Körper zu reißen, sie wird plötzlich von einer Angst beherrscht, die mich zögern lässt. Werde ich deinen Erwartungen gerecht? Bin ich so, wie du es dir vorstellst?
Jung und vielleicht auch ansehnlich mag ich gestern gewesen sein.
Heute jedoch...
Kann ich mit deiner Schönheit konkurrieren? Verzweifelt, im Zwiespalt meiner Gefühle, will ich dich nicht enttäuschen. Sicher, du würdest es mir nicht sagen, doch es gäbe auch kein nächstes Mal. Noch einmal schaue ich zu dir hinüber. Heute wirst du vergeblich auf mich warten.
Meine Augen weinen Abschied. Langsam drehe ich mich um. Mein Kopf will der Bewegung des Körpers noch nicht folgen. Dein Bild will mich noch nicht loslassen. Doch dann gewinnt eine

verzweifelte Wut der inneren Zerrissenheit die Oberhand und zwingt mich zur Aufgabe.

Schritt für Schritt kehre ich zurück. Zurück in meine angestaubte, vergilbte Geborgenheit.
Wir haben es nicht geschehen lassen. Wir sollten es nicht tun.

Lieber nicht.

Warum nicht?

Nun stehe ich hier am Fuße dieses Leuchtturmes.
Unser Turm, wie wir ihn immer nannten.

Nervös streiche ich mir die Haare aus dem Gesicht, mit denen der Abendwind sein einsames Spiel treibt. Die Brandung singt ihr ewig eintöniges Lied und mit nackten Füßen versuche ich Herzen in den Sand zu malen.
Sie wollen mir nicht gelingen und schnell verwische ich sie wieder.

Ich fühle ihn gern, diesen Sand, der jetzt am späten Nachmittag angenehm kühl zwischen meinen Zehen kitzelt.

Ich habe mein blaues Kleid angezogen. Ich weiß, es wird dir gefallen. Es muss dir gefallen, denn du erwähntest es einmal am Telefon, nachdem du es auf einem Foto gesehen hattest. Ich bin mir sicher, dass es dir gefällt. Aber was ist, wenn du es nur gesagt hast um mir zu schmeicheln? Wenn es dir gar nicht gefällt und du es hässlich findest.

Es wäre ohnehin zu spät. Es gibt kein Zurück mehr.
Heute Abend soll es geschehen. Wir werden uns endlich sehen. Hier an diesem Ort, den

niemand kennt, den niemand kennen darf, außer und beiden.
Hier werden wir uns lieben, um danach in unsere vergilbte, angestaubte Geborgenheit zurückzukehren.

Die Zeit verrinnt.
Sekunde um Sekunde.
Minute für Minute. Ewigkeiten.

Ich warte. Wie lange schon habe ich diesen Moment herbeigesehnt. Wie ein Schulmädchen, das etwas ganz Verbotenes macht, warte ich auf dich. Und ich kann sie fühlen, deine Nähe, aber heute Abend warst du nicht da.

Warum nicht?

Kein Weg

*Ganz oben, dort am Sehnsuchtsend
Da schläft ganz heimlich ein Gefühl
Das außer uns noch niemand kennt
Denn nur der Weg führt uns zum Ziel.*

*Und oben dann, du weißt es schon
Auf unsrem allerhöchsten Turm
Dort seh´ ich dich, das ist der Lohn
Doch steh`n wir hier im Feuersturm.*

*Wir klammern uns und halten fest
Was die Gedanken von uns woll`n
Doch jeder von uns hat sein Nest
In das zurück wir kehren soll`n.*

*Ach lass uns träumen mit dem Wind
Und uns verlieren in der Zeit
So sehr wir auch verbunden sind
Für uns gibt`s keinen Weg zu zweit.*

Wolkenspiel

*So lege dich ins kühle Gras
und träum dich mit den Wolken fort.
Sie tragen dort dein Herz aus Glas.
an einen unbekannten Ort.*

*Und dann werden sie dich küssen
und zärtlich deine Haut berühr`n.
Dich verwöhnen mit Genüssen
und dich mit Leidenschaft verführ`n.*

*So sanft und zart der Wolken Spiel.
Du spürst es kitzeln auf der Haut.
Welch lang ersehntes Wohlgefühl
sei dir für heute anvertraut.*

*Einmal nur zärtlich dich berühren
Dich sanft verwöhnen mit Genuss
Dich mit Leidenschaft verführen
und einem lang ersehnten Kuss.*

*Doch weiße Wolken tragen schwer
damit du kein Gefühl verpasst.
Verzweifelt wollen sie noch mehr
doch weinen sie unter der Last.*

*Und der Wind singt seine Lieder
die von Freiheit dir erzählen.
Und du hörst sie immer wieder.
obwohl sie deine Seele quälen.*

Verflogen

Gefühle
Fliehen verzweifelt
Auf Türme die sich dem Sturme stellen.
Doch sie finden dort oben keinen Halt.
und so gleiten sie mit dem Wind
zurück an ihren Ursprung.

Aber einige haben sich verflogen...

Träume die der Wind gesät

*Wer weiß es schon, wer weiß es schon,
wohin die Flügel tragen?
Wer weiß wohin der Weg uns führt,
wer kann es mir nur sagen?*

*Wo sind sie nur, wo sind sie nur,
wo sind sie all geblieben?
Die Träume die der Wind gesät,
wer hat sie nur vertrieben?*

*Wie lange noch, wie lange noch,
wird Liebe sich ergießen.
Wenn aus dem Kelch der Illusion
ein Tränenmeer wird fließen?*

*Was wird gescheh`n, was wird gescheh`n,
werd´ ich dich wiederfinden?
Ganz tief in mir die Fantasie
wird an mein Herz dich binden.*

Und leise weint ein Schmetterling

*Und leise weint ein Schmetterling
Der sich auf meine Hand gesetzt.
Im Zeitenwind sein Glück verging
Weil man die Seele einst verletzt.*

*An einem wundervollen Tag
Der im Herzen mich berührte
Kam er mit zartem Flügelschlag
Den sanft ich auf der Haut verspürte.*

*Und Tränen fielen in den Sand
Die lautlos unbemerkt versiegen
So flog er los von meiner Hand
Und ließ Vergangenes links liegen.*

*Noch heute seh´ ich ihn im Traum
Auf seiner endlos langen Reise
Doch höre ich sein Klagen kaum
Denn Schmetterlinge weinen leise.*

Die Zeilen die ich schrieb

*Oft erzählte ich Geschichten
über das Lachen und den Wind
Und versuchte zu ergründen
was wohl die wahren Werte sind*

*Und ich suchte nach der Wahrheit
die nur im Herzen liegen kann
Doch bekam ich keine Klarheit
und ich zog weiter irgendwann*

Und so blieben Illusionen
denn die Zeilen die ich schrieb
verblassten stumm auf dem Papier
und sind das Einzige was blieb

*An manchem Tag, so dachte ich
war ich der Wahrheit schon sehr nah
Doch ich war blind und irrte mich.
In Wirklichkeit war sie nie da.*

*Der Wind der durch die Haare weht.
war mir mein Leben lang vertraut.
Mit jedem Tag der nun vergeht
kann ich ihn spüren auf der Haut.*

Doch es bleiben Illusionen
und alles was noch übrig blieb
ist ein verblasstes Stück Papier
und ein paar Zeilen die ich schrieb.

Nachttraum

*Mit wohliger Wärme umhüllt mich der Schlaf
der mich nun von den Pflichten befreit.
Und mein Körper der jetzt der Ruhe bedarf
legt sich leise zum Nachttraum bereit.*

*Doch die Bilder im Kopf, sie halten noch fest
was sich tief in der Seele versteckt.
Und im Traumgeisterkelch, verbirgt sich ein
Rest der bedrohlich die Angst in mir weckt.*

*Im Nebel der Furcht mit verzerrtem Gesicht
versuch ich vergeblich zu flieh`n.
Doch mit Schweiß auf der Stirn gelingt es mir
nicht mich des Traumes der Nacht zu
entzieh`n.*

*Von den Geistern gejagt fällt Sonnenlicht ein
und es nimmt mir das Dunkel der Nacht.
Die Trolle sind fort, ich bin wieder allein
und schon bald ist der Morgen erwacht.*

Autorenvita

Detlev Zesny, geboren am 26. April 1961 in Gelsenkirchen.
Lebt mit seiner Frau und seinen beiden Töchtern in einem Dorf in Nordhessen.
Zu seinen Hobbys zählen neben dem Schreiben von Gedichten und Kurzgeschichten, das Modellfliegen und die Musik.
Dank seiner Frau, die ihn zum Schreiben animierte, indem sie einmal sagte, dass er Musik anders hören würde, als andere, schrieb er das Buch „Du hörst Musik anders", in dem es vor allem über Gefühle und das Anderssein seiner selbst geht. Dieses Buch veranlasste ihn dazu, über das Leben, seine Gefühle und Gedanken zu schreiben. Seit Anfang 2007 veröffentlicht er seine Gedichte unter dem Pseudonym >>Trollbär-Lyrik<<

Aus der Trollbär – Lyrik Reihe sind bislang erschienen:

Du hörst Musik anders
(Autobiographische Erzählung)

Zeitenwind
(Gedichte und Geschichten)

Begegnungen im Spiegelbild
(Gedichte und Erzählungen)

Das Zeitportal
(Ein Science fiction - Fantasie Roman)

Jonas
(Eine spannende Geschichte für Kinder, Jugendliche und Erwachsene, um Freundschaft Zauber und Abenteuer)

Knoten im Rüssel
(Kinder werden es verstehen)

www.ingramcontent.com/pod-product-compliance
Lightning Source LLC
Chambersburg PA
CBHW061450040426
42450CB00007B/1301